PAM FOD ELIAS
YN CUDDIO?

Mae'r stori hon am Elias i'w gweld yn 1 Brenhinoedd, pennod 19.

Ofnodd Elias a dianc am ei einioes nes dod i Beerseba, oedd yn perthyn i Jwda. Gadawodd ei was yno, ond aeth ef yn ei flaen daith diwrnod i'r anialwch. Pan oedd yn cymryd seibiant dan ryw ferywen, deisyfodd o'i galon am gael marw, a dywedodd, "Dyma ddigon bellach, O ARGLWYDD; cymer f'einioes, oherwydd nid wyf fi ddim gwell na'm tadau." Yna gorweddodd o dan y goeden a chysgu.

A daeth gair yr ARGLWYDD ato yn dweud, "Beth a wnei di yma, Elias?"
Dywedodd yntau, "Bûm i'n selog iawn dros ARGLWYDD Dduw y Lluoedd; cefnodd yr Israeliaid ar dy gyfamod, a bwrw d'allorau i lawr, a lladd dy broffwydi â'r cleddyf; myfi'n unig sydd ar ôl, ac y maent yn ceisio f'einioes innau."
Yna dywedwyd wrtho, "Dos allan a saf ar y mynydd o flaen yr ARGLWYDD." A dyma'r ARGLWYDD yn dod heibio.
Bu gwynt cryf nerthol, yn rhwygo mynyddoedd a dryllio

creigiau, o flaen yr ARGLWYDD; nid oedd yr ARGLWYDD yn y gwynt. Ar ôl y gwynt bu daeargryn; nid oedd yr ARGLWYDD yn y ddaeargryn. Ar ôl y ddaeargryn bu tân; nid oedd yr ARGLWYDD yn y tân. Ar ôl y tân, distawrwydd llethol. Pan glywodd Elias, lapiodd ei wyneb yn ei fantell a mynd i sefyll yng ngenau'r ogof; a daeth llais yn gofyn iddo, "Beth a wnei di yma, Elias?"

1 Brenhinoedd 19: 3-5; 9-13

℗ Cyhoeddiadau'r Gair 1999
© Scandinavia Publishing House
Testun gwreiddiol: Pauline Youd
Darluniau gan Elaine Garvin
Addasiad Cymraeg gan Mari Roberts
Golygydd Cyffredinol: Aled Davies
Cyhoeddwyd yn wreiddiol gan Pauline Books & Media,
Boston, UDA.

ISBN 1 85994 188 5
Argraffwyd yn Hong Kong

Cyhoeddwyd gan:
Cyhoeddiadau'r Gair, Cyngor Ysgolion Sul Cymru,
Ysgol Addysg, PCB, Safle'r Normal,
Bangor, Gwynedd, LL57 2PX.

PAM FOD ELIAS
YN CUDDIO?

Stori gan Pauline Youd
Lluniau gan Elaine Garvin
Addasiad Cymraeg gan Mari Roberts

Rhedodd Elias ymlaen ac
ymlaen. Roedd yn chwilio am
le i guddio. Roedd y Frenhines
Jesebel greulon am ei ladd.

Daeth Elias at ogof ble na allai'r
Frenhines Jesebel ddod o hyd iddo. Roedd
wedi blino'n lân ac roedd eisiau bwyd arno. Teimlai'n drist iawn
ac yn llawn anobaith. Teimlai nad oedd Duw yn ei garu mwyach.

Ond un o broffwydi Duw oedd Elias ac roedd Duw yn ei garu. Dywedodd Duw wrtho am godi a mynd i sefyll ym mlaen yr ogof.

Gwelodd Elias storm wynt mawr, ond ni welodd Duw.

Yna teimlodd Elias ddaeargryn mawr, ond ni welodd Duw.

Yna gwelodd Elias dân mawr, ond ni welodd Duw.

O'r diwedd, clywodd Elias lais bach, distaw. Llais Duw yn siarad ag ef. Gwrandawodd Elias yn ofalus.

Dywedodd Duw, "Elias, pam wyt ti'n cuddio yn yr ogof?" "Mae'r Frenhines Jesebel yn mynd i fy lladd i!" cwynodd Elias. "Rwy wedi bod yn broffwyd y ti, ond dwi ddim yn meddwl dy fod ti'n poeni llawer amdanaf fi. Fi yw'r unig un ar ôl nawr sy'n credu ynot ti."

9

Atebodd Duw, "Dwyt ti ddim yr unig un. Mae yna 7,000 arall nad wyt ti'n gwybod amdanyn nhw. Tyrd nawr, Elias, mae gen i waith pwysig i ti ei wneud, a bydd y Frenhines Jesebel ddim yn gallu dy rwystro di."

Credodd Elias a gwnaeth beth ddywedodd Duw wrtho. Doedd dim rhaid i Elias guddio wedyn.

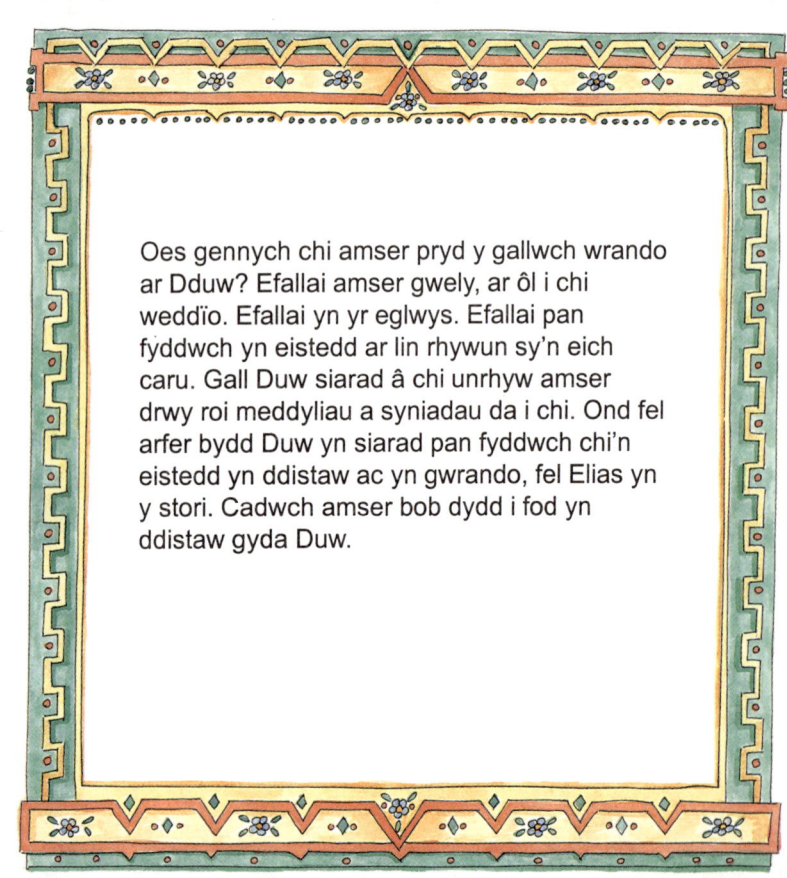

Oes gennych chi amser pryd y gallwch wrando ar Dduw? Efallai amser gwely, ar ôl i chi weddïo. Efallai yn yr eglwys. Efallai pan fyddwch yn eistedd ar lin rhywun sy'n eich caru. Gall Duw siarad â chi unrhyw amser drwy roi meddyliau a syniadau da i chi. Ond fel arfer bydd Duw yn siarad pan fyddwch chi'n eistedd yn ddistaw ac yn gwrando, fel Elias yn y stori. Cadwch amser bob dydd i fod yn ddistaw gyda Duw.

Fy llyfr
gweddïau

13

*"Beth a wnei di
yma, Elias?"*
1 Brenhinoedd 19:9

Llyfrau Rhyfeddod

Gwersi i'w dysgu gan 12 cymeriad o'r Beibl

Cariad Duw

Rhoi

Gweddi'n goresgyn ofn

Moli Duw

Gweddi'n rhoi doethineb

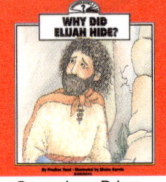

Gwrando ar Dduw

Ymddiried

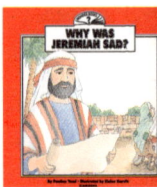

Taerni

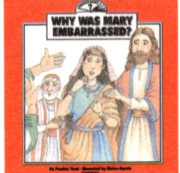

Cariad at Dduw

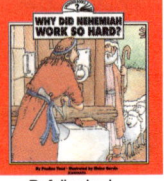

Dyfalbarhad

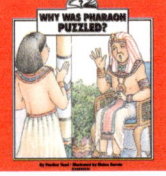

Gofyn am gyngor

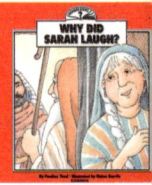

Ymddiried yng nghynllun Duw